Jenofonte

LA PROVIDENCIA DIVINA

(Memorabilia, IV, 3)

EDICIÓN BILINGÜE

Traducción del griego de Natasa Vakouftsi

COLECCIÓN BÍFIDA

Director: José Luis Trullo

Una iniciativa de Cypress Cultura
www.cypress.com.es

TEXTO ORIGINAL GRIEGO:

Xenophontis opera omnia, vol. 2, 2ª ed.
Oxford, Clarendon Press, 1921 (1971)

Acceso en línea: Perseus Digital Library

Imagen de portada:
Retrato de Jenofonte (Museo del Prado)

THEMA: QRAX

1ª ed., enero de 2026

© de esta edición, Cypress Cultura

ISBN: 979-13-87504-16-8
Depósito legal: SE 2942-2025

IMPRESO EN LA UNIÓN EUROPEA

NOTA DEL EDITOR

El tema de la relación entre los hombres y los dioses recorre la historia de las culturas humanas, de parte a parte. En el caso de Occidente, esta viste los más diversos ropajes: desde la íntima interdependencia de los estoicos hasta cierto desapego mutuo, a los ojos de los atomistas y epicúreos, pasando por toda clase de matices y variaciones. La versión más comprometida de dicha relación es aquella en virtud de la cual Dios o los dioses han reconocido en el ser humano a su criatura predilecta, hasta el punto de crearla a su imagen y semejanza (caso de la tradición judeocristiana), o de disponer el cosmos entero para que pueda desarrollar su existencia de la mejor manera posible (como ocurre en la propuesta del Sócrates de Jenofonte, que reproducimos en este librito).

La convicción de que se requiere un número demasiado elevado de factores propicios para que una especie como la humana sea como en efecto es y viva como realmente vive, explica que los bien pensados postulen la existencia en el universo de un *principio antrópico* que justificaría a la perfección dicha circunstancia. El hombre, desde esta perspectiva, no es un ser más, sino aquel que está a la altura de un cosmos que le acoge y el cual, por lo demás, parece organizado para permitirle perdurar y prosperar. Sin duda, se trata de una hipótesis sumamente optimista y abiertamente antropocéntrica, que traduciría en términos universales la idea leibniziana de que "vivimos en el mejor de los mundos posibles"... porque hace posible que vivamos nosotros.

La noción de *providencia*, una de los más duraderas en el contexto de nuestra tradición, responde a esta visión de un universo favorable al ser humano, en manos de un sumo ser que le brinda auxilio y cobertura. Si bien ha sido la religión cristiana la que le ha dedicado a dicho concepto una atención constante, lo cierto es que este tiene un pie en el judaísmo y su noción de "pueblo elegido", y otro en la Grecia clásica. El pasaje de las *Memorabilia* de Jenofonte que publicamos en este opúsculo da prueba de esto último.

En estas líneas asistimos a una retahíla de argumentos que, hasta donde yo sé, aparecen por primera vez en estos términos en nuestra tradición, si bien es posible rastrear sus antecedentes en Hesíodo. Se trata de un auténtico himno gratulatorio al trato favorable que recibe la especie humana por parte de los dioses, a quienes les debe, literalmente, todo. Esta tesis, por un lado, se irá consolidando con el paso del tiempo en el ámbito religioso, si bien decaerá rápidamente en el filosófico. De ahí el interés de poner sobre la mesa los argumentos del Sócrates de Jenofonte, con la esperanza de que llamen la atención sobre uno de los aspectos menos atendidos de su pensamiento.

José Luis Trullo

LA PROVIDENCIA DIVINA

1

Τὸ μὲν οὖν λεκτικοὺς καὶ πρακτικοὺς καὶ μηχα-
νικοὺς γίγνεσθαι τοὺς συνόντας οὐκ ἔσπευδεν,
ἀλλὰ πρότερον τούτων ᾤετο χρῆναι σωφροσύνην
αὐτοῖς ἐγγενέσθαι. τοὺς γὰρ ἄνευ τοῦ σωφρονεῖν
ταῦτα δυναμένους ἀδικωτέρους τε καὶ δυνατω-
τέρους κακουργεῖν ἐνόμιζεν εἶναι.

1

Por lo tanto, [Sócrates] no se preocupaba de que las personas con las que se relacionaba fueran eruditas, prácticas o ingeniosas, sino que creía que, ante todo, debía nacer en ellas la sensatez. Porque consideraba que aquellos que pueden actuar sin sensatez son más injustos y capaces de cometer maldades.

2

πρῶτον μὲν δὴ περὶ θεοὺς ἐπειρᾶτο σώφρονας ποιεῖν τοὺς συνόντας. ἄλλοι μὲν οὖν αὐτῷ πρὸς ἄλλους οὕτως ὁμιλοῦντι παραγενόμενοι διηγοῦντο· ἐγὼ δέ, ὅτε πρὸς Εὐθύδημον τοιάδε διελέγετο, παρεγενόμην.

2

Primero, por lo tanto, intentaba hacer que los que se relacionaban con él fueran sensatos respecto a los dioses. Algunos, al encontrarse con él relacionándose con otros, contaban los hechos de esa manera. Sin embargo, yo estaba presente cuando discutía tales asuntos con Eutidemo.

Εἰπέ μοι, ἔφη, ὦ Εὐθύδημε, ἤδη ποτέ σοι ἐπῆλθεν ἐνθυμηθῆναι ὡς ἐπιμελῶς οἱ θεοὶ ὧν οἱ ἄνθρωποι δέονται κατεσκευάκασι; καὶ ὅς, Μὰ τὸν Δί᾽, ἔφη, οὐκ ἔμοιγε. Ἀλλ᾽ οἶσθά γ᾽, ἔφη, ὅτι πρῶτον μὲν φωτὸς δεόμεθα, ὃ ἡμῖν οἱ θεοὶ παρέχουσι; Νὴ Δί᾽, ἔφη, ὅ γ᾽ εἰ μὴ εἴχομεν, ὅμοιοι τοῖς τυφλοῖς ἂν ἦμεν ἕνεκά γε τῶν ἡμετέρων ὀφθαλμῶν. Ἀλλὰ μὴν καὶ ἀναπαύσεώς γε δεομένοις ἡμῖν νύκτα παρέχουσι κάλλιστον ἀναπαυτήριον.

3

–Dime, Eutidemo –dijo–, ¿alguna vez se te ha ocurrido pensar cuán diligentemente los dioses han provisto a los humanos de lo que necesitan?

–Por Zeus, no –respondió él–, al menos a mí no se me ha ocurrido.

–Pero sabes –dijo– que, ante todo, necesitamos luz, ¿y no nos la proporcionan los dioses?

–Por Zeus, sí –dijo–, si no la tuviéramos seríamos como ciegos, aunque tengamos ojos.

–Pero incluso a nosotros, que necesitamos descanso, los dioses nos proporcionan la noche como el mejor refugio.

Πάνυ γ᾽, ἔφη, καὶ τοῦτο χάριτος ἄξιον. Οὐκοῦν καὶ ἐπειδὴ ὁ μὲν ἥλιος φωτεινὸς ὢν τάς τε ὥρας τῆς ἡμέρας ἡμῖν καὶ τἄλλα πάντα σαφηνίζει, ἡ δὲ νὺξ διὰ τὸ σκοτεινὴ εἶναι ἀσαφεστέρα ἐστίν, ἄστρα ἐν τῇ νυκτὶ ἀνέφηναν, ἃ ἡμῖν τῆς νυκτὸς τὰς ὥρας ἐμφανίζει, καὶ διὰ τοῦτο πολλὰ ὧν δεόμεθα πράττομεν; Ἔστι ταῦτα, ἔφη. Ἀλλὰ μὴν ἥ γε σελήνη οὐ μόνον τῆς νυκτός, ἀλλὰ καὶ τοῦ μηνὸς τὰ μέρη φανερὰ ἡμῖν ποιεῖ.

4

–Ciertamente –dijo–, y esto es digno de gratitud. Por lo tanto, porque el sol, que es luminoso, nos ilumina durante el día y todo lo demás, mientras que la noche, al ser oscura, es menos clara, aparecen las estrellas, las cuales nos indican las horas nocturnas y, por ello, realizamos muchas de nuestras necesidades.

–Eso es cierto –dijo él.

Y la luna no solo nos muestra lo de la noche, sino también las fases del mes.

–Naturalmente –dijo–. Y porque necesitamos alimento, la tierra nos lo ofrece y nos da las estaciones apropiadas, las cuales no solo producen muchos y variados bienes que necesitamos, sino también aquello que nos hace felices.

5

Πάνυ μὲν οὖν, ἔφη. Τὸ δ', ἐπεὶ τροφῆς δεόμεθα, ταύτην ἡμῖν ἐκ τῆς γῆς ἀναδιδόναι καὶ ὥρας ἁρμοττούσας πρὸς τοῦτο παρέχειν, αἳ ἡμῖν οὐ μόνον ὧν δεόμεθα πολλὰ καὶ παντοῖα παρασκευάζουσιν, ἀλλὰ καὶ οἷς εὐφραινόμεθα;

5

Claro que sí, dijo. ¿Y qué me dices del hecho de que, necesitados como estamos de alimento, nos lo suministren a partir de la tierra y nos provean de las estaciones adecuadas a tal fin y que estas, a su vez, nos proporcionen muchísimas bienes de todo tipo que no sólo nos hacen falta sino con los que además disfrutamos?

6

Πάνυ, ἔφη, καὶ ταῦτα φιλάνθρωπα. Τὸ δὲ καὶ ὕδωρ ἡμῖν παρέχειν οὕτω πολλοῦ ἄξιον, ὥστε συμφύειν τε καὶ συναύξειν τῇ γῇ καὶ ταῖς ὥραις πάντα τὰ χρήσιμα ἡμῖν, συντρέφειν δὲ καὶ αὐτοὺς ἡμᾶς καὶ μιγνύμενον πᾶσι τοῖς τρέφουσιν ἡμᾶς εὐκατεργαστότερά τε καὶ ὠφελιμώτερα καὶ ἡδίω ποιεῖν αὐτά, καὶ ἐπειδὴ πλείστου δεόμεθα τούτου, ἀφθονέστατον αὐτὸ παρέχειν ἡμῖν; Καὶ τοῦτο, ἔφη, προνοητικόν.

6

–Ciertamente –dijo–, todo esto es beneficioso para el hombre. Y que se nos dé agua es algo sumamente importante, pues convive y crece junto con la tierra, las estaciones y todo lo útil, alimentándonos a nosotros mismos y, al mezclarse con todo lo que nos nutre, haciéndolo más fácil de trabajar, más útil y más agradable. Y porque la necesitamos en gran medida, nos la proporcionan en abundancia.

–Eso –dijo– es señal de providencia.

7

Τὸ δὲ καὶ τὸ πῦρ πορίσαι ἡμῖν, ἐπίκουρον μὲν ψύχους, ἐπίκουρον δὲ σκότους, συνεργὸν δὲ πρὸς πᾶσαν τέχνην καὶ πάντα ὅσα ὠφελείας ἕνεκα ἄνθρωποι κατασκευάζονται; ὡς γὰρ συνελόντι εἰπεῖν οὐδὲν ἀξιόλογον ἄνευ πυρὸς ἄνθρωποι τῶν πρὸς τὸν βίον χρησίμων κατασκευάζονται. Ὑπερβάλλει, ἔφη, καὶ τοῦτο φιλανθρωπία.

7

Y que se nos haya dado el fuego, como ayuda frente al frío, frente a la oscuridad, colaborador en todo arte y en todo lo que los hombres fabrican para su beneficio. Porque, resumiendo, nada útil para la vida lo fabrican los hombres sin el fuego.

−Y esto −dijo− supera toda filantropía.

8

Τὸ δὲ τὸν ἥλιον, ἐπειδὰν ἐν χειμῶνι τράπηται, προσιέναι τὰ μὲν ἁδρύνοντα, τὰ δὲ ξηραίνοντα, ὧν καιρὸς διελήλυθε, καὶ ταῦτα διαπραξάμενον μηκέτι ἐγγυτέρω προσιέναι, ἀλλ᾽ ἀποτρέπεσθαι φυλαττόμενον μή τι ἡμᾶς μᾶλλον τοῦ δέοντος θερμαίνων βλάψῃ, καὶ ὅταν αὖ πάλιν ἀπιὼν γένηται ἔνθα καὶ ἡμῖν δῆλόν ἐστιν ὅτι, εἰ προσωτέρω ἄπεισιν, ἀπο-παγησόμεθα ὑπὸ τοῦ ψύχους, πάλιν αὖ τρέπεσθαι καὶ προσχωρεῖν, καὶ ἐνταῦθα τοῦ οὐρανοῦ ἀνασ-τρέφεσθαι ἔνθα ὢν μάλιστ᾽ ⟨ἂν⟩ ἡμᾶς ὠφελοίη; Νὴ τὸν Δί᾽, ἔφη, καὶ ταῦτα παντάπασιν ἔοικεν ἀνθρώ-πων ἕνεκα γιγνομένοις.

8

Que el sol, cuando en invierno se inclina, se acerque para madurar lo necesario, secar lo que la estación ha terminado, y una vez cumplido esto, no se acerque más sino que se retire, cuidando de no dañarnos con exceso de calor. Y que, al alejarse hasta el punto en que sería evidente que si se alejara más moriríamos de frío, vuelva a acercarse y se sitúe en el cielo de manera que nos beneficie más; ¿no es esto evidente?

—Por Zeus —dijo—, todo esto parece hacerse por el bien de los hombres.

9

Τὸ δ᾽, ἐπειδὴ καὶ τοῦτο φανερὸν ὅτι οὐκ ἂν ὑπε-
νέγκαιμεν οὔτε τὸ καῦμα οὔτε τὸ ψῦχος, εἰ ἐξαπί-
νης γίγνοιτο, οὕτω μὲν κατὰ μικρὸν προσιέναι τὸν
ἥλιον, οὕτω δὲ κατὰ μικρὸν ἀπιέναι, ὥστε λανθά-
νειν ἡμᾶς εἰς ἑκάτερα τὰ ἰσχυρότατα καθισταμέ-
νους; Ἐγὼ μέν, ἔφη ὁ Εὐθύδημος, ἤδη τοῦτο σκο-
πῶ, εἰ ἄρα τί ἐστι τοῖς θεοῖς ἔργον ἢ ἀνθρώπους
θεραπεύειν· ἐκεῖνο δὲ μόνον ἐμποδίζει με, ὅτι καὶ
τἆλλα ζῷα τούτων μετέχει.

9

Que, porque no podríamos soportar ni el calor ni el frío si acaecieran repentinamente, el sol se acerca y se aleja gradualmente, para que no percibamos que nos lleva a los extremos.

—Ahora empiezo a pensar —dijo Eutidemo— que los dioses se ocupan de los hombres. Solo me frena el hecho de que otros animales también participan de estos bienes.

10

Οὐ γὰρ καὶ τοῦτ', ἔφη ὁ Σωκράτης, φανερὸν ὅτι καὶ ταῦτα ἀνθρώπων ἕνεκα γίγνεταί τε καὶ ἀνατρεται; τί γὰρ ἄλλο ζῷον αἰγῶν τε καὶ οἰῶν καὶ βοῶν καὶ ἵππων καὶ ὄνων καὶ τῶν ἄλλων ζῴων τοσαῦτα ἀγαθὰ ἀπολαύει ὅσα ἄνθρωποι; ἐμοὶ μὲν γὰρ δοκεῖ, πλείω ⟨ ἢ⟩ τῶν φυτῶν•τρέφονται γοῦν καὶ χρηματίζονται οὐδὲν ἧττον ἀπὸ τούτων ἢ ἀπ' ἐκείνων•πολὺ δὲ γένος ἀνθρώπων τοῖς μὲν ἐκ τῆς γῆς φυομένοις εἰς τροφὴν οὐ χρῆται, ἀπὸ δὲ βοσκημάτων γάλακτι καὶ τυρῷ καὶ κρέασι τρεφόμενοι ζῶσι•πάντες δὲ τιθασεύοντες καὶ δαμάζοντες τὰ χρήσιμα τῶν ζῴων εἴς τε πόλεμον καὶ εἰς ἄλλα πολλὰ συνεργοῖς χρῶνται. Ὁμογνωμονῶ σοι καὶ τοῦτ', ἔφη•ὁρῶ γὰρ αὐτῶν καὶ τὰ πολὺ ἰσχυρότερα ἡμῶν οὕτως ὑποχείρια γιγνόμενα τοῖς ἀνθρώποις ὥστε χρῆσθαι αὐτοῖς ὅ τι ἂν βούλωνται.

10

–Y esto –dijo Sócrates– ¿no demuestra acaso que estas cosas se producen y alimentan por el bien de los hombres? ¿Qué otro animal, de cabras, ovejas, bueyes, caballos, asnos y otros, disfruta tantos bienes como los humanos? A mí me parece que incluso más que las plantas. Se alimentan y se enriquecen tanto de estas como de aquellas. Y muchos humanos no usan directamente los productos de la tierra, sino que viven de leche, queso y carne de los animales. Y todos, al domesticar y dominar a los animales útiles, los usan como colaboradores en la guerra y en muchas otras cosas.

–Estoy de acuerdo contigo –dijo–. Incluso los más fuertes entre nosotros se vuelven tan dóciles que los humanos los usan como desean.

11

Τὸ δ᾽, ἐπειδὴ πολλὰ μὲν καλὰ καὶ ὠφέλιμα, διαφέ-
ροντα δὲ ἀλλήλων ἐστί, προσθεῖναι τοῖς ἀνθρώποις
αἰσθήσεις ἁρμοττούσας πρὸς ἕκαστα, δι᾽ ὧν ἀπολαύομεν πάντων τῶν ἀγαθῶν·τὸ δὲ καὶ λογισμὸν
ἡμῖν ἐμφῦσαι, ᾧ περὶ ὧν αἰσθανόμεθα λογιζόμενοί
τε καὶ μνημονεύοντες καταμανθάνομεν ὅπῃ ἕκαστα
συμφέρει, καὶ πολλὰ μηχανώμεθα, δι᾽ ὧν τῶν τε
ἀγαθῶν ἀπολαύομεν καὶ τὰ κακὰ ἀλεξόμεθα·

11

Que, porque existen muchos bienes útiles y distintos entre sí, se nos dieron los sentidos adecuados para cada uno, mediante los cuales disfrutamos de los bienes. Y también que se nos dio la razón, con la cual, al reflexionar y recordar lo que sentimos, aprendemos qué nos conviene, y encontramos muchos medios para disfrutar de los bienes y rechazar los males.

τὸ δὲ καὶ ἑρμηνείαν δοῦναι, δι' ἧς πάντων τῶν ἀγαθῶν μεταδίδομέν τε ἀλλήλοις διδάσκοντες καὶ κοινωνοῦμεν καὶ νόμους τιθέμεθα καὶ πολιτευόμεθα; Παντάπασιν ἐοίκασιν, ὦ Σώκρατες, οἱ θεοὶ πολλὴν τῶν ἀνθρώπων ἐπιμέλειαν ποιεῖσθαι. Τὸ δὲ καί, ᾗ ἀδυνατοῦμεν τὰ συμφέροντα προνοεῖσθαι ὑπὲρ τῶν μελλόντων, ταύτῃ αὐτοὺς ἡμῖν συνεργεῖν, διὰ μαντικῆς τοῖς πυνθανομένοις φράζοντας τὰ ἀποβησόμενα καὶ διδάσκοντας ᾗ ἂν ἄριστα γίγνοιτο; Σοὶ δ', ἔφη, ὦ Σώκρατες, ἐοίκασιν ἔτι φιλικώτερον ἢ τοῖς ἄλλοις χρῆσθαι, εἴ γε μηδὲ ἐπερωτώμενοι ὑπὸ σοῦ προσημαίνουσί σοι ἅ τε χρὴ ποιεῖν καὶ ἃ μή.

12

Y que se nos dio el habla, con la cual compartimos los bienes, nos enseñamos los unos a los otros, nos comunicamos, establecemos leyes y organizamos ciudades.

—Ciertamente —dijo— parece que los dioses cuidan mucho de los hombres. Además, donde no podemos prever lo que nos conviene en el futuro, ellos nos ayudan mediante la adivinación, mostrando a quienes preguntan lo que sucederá y enseñando cómo hacerlo mejor. Y a ti, Sócrates, parecen tratarte aún más amistosamente que a los demás, dándote señales y consejos sin que los pidas.

13

Ὅτι δέ γε ἀληθῆ λέγω, καὶ σὺ γνώσῃ, ἂν μὴ ἀνα-
μένῃς ἕως ἂν τὰς μορφὰς τῶν θεῶν ἴδῃς, ἀλλ'
ἐξαρκῇ σοι τὰ ἔργα αὐτῶν ὁρῶντι σέβεσθαι καὶ
τιμᾶν τοὺς θεούς. ἐννόει δὲ ὅτι καὶ αὐτοὶ οἱ θεοὶ
οὕτως ὑποδεικνύουσιν·οἵ τε γὰρ ἄλλοι ἡμῖν τἀγαθὰ
διδόντες οὐδὲν τούτων εἰς τὸ ἐμφανὲς ἰόντες δι-
δόασι, καὶ ὁ τὸν ὅλον κόσμον συντάττων τε καὶ
συνέχων, ἐν ᾧ πάντα καλὰ καὶ ἀγαθά ἐστι, καὶ ἀεὶ
μὲν χρωμένοις ἀτριβῆ τε καὶ ὑγιᾶ καὶ ἀγήρατα πα-
ρέχων, θᾶττον δὲ νοήματος ὑπηρετοῦντα ἀναμαρ-
τήτως, οὗτος τὰ μέγιστα μὲν πράττων ὁρᾶται, τάδε
δὲ οἰκονομῶν ἀόρατος ἡμῖν ἐστιν.

13

Así que reconocerás que digo la verdad si no esperas ver la forma de los dioses, sino que basta con observar sus obras, respetando y honrando a los dioses. Observa también que los mismos dioses nos lo indican. Porque los que nos dan bienes no se muestran cuando nos los entregan. Y aquel que organiza y sostiene el universo, dentro del cual existen todos los bienes, y que siempre provee a los usuarios con cosas inagotables, saludables e incorruptibles, actuando más rápido que el pensamiento y sin crror, aunque parezca hacer mucho, es invisible para nosotros.

ἐννόει δ' ὅτι καὶ ὁ πᾶσι φανερὸς δοκῶν εἶναι
Ἥλιος οὐκ ἐπιτρέπει τοῖς ἀνθρώποις ἑαυτὸν ἀκρι-
βῶς ὁρᾶν, ἀλλ', ἐάν τις αὐτὸν ἀναιδῶς ἐγχειρῇ θεά-
σασθαι, τὴν ὄψιν ἀφαιρεῖται. καὶ τοὺς ὑπηρέτας δὲ
τῶν θεῶν εὑρήσεις ἀφανεῖς ὄντας· κεραυνός τε γὰρ
ὅτι μὲν ἄνωθεν ἀφίεται, δῆλον, καὶ ὅτι οἷς ἂν
ἐντύχῃ πάντων κρατεῖ, ὁρᾶται δ' οὔτ' ἐπιὼν οὔτ'
ἐγκατασκήψας οὔτε ἀπιών·καὶ ἄνεμοι αὐτοὶ μὲν
οὐχ ὁρῶνται, ἃ δὲ ποιοῦσι φανερὰ ἡμῖν ἐστι, καὶ
προσιόντων αὐτῶν αἰσθανόμεθα. ἀλλὰ μὴν καὶ
ἀνθρώπου γε ψυχή, ἥ, εἴπερ τι καὶ ἄλλο τῶν ἀνθ-
ρωπίνων, τοῦ θείου μετέχει, ὅτι μὲν βασιλεύει ἐν
ἡμῖν, φανερόν, ὁρᾶται δὲ οὐδ' αὐτή. ἃ χρὴ κατα-
νοοῦντα μὴ καταφρονεῖν τῶν ἀοράτων, ἀλλ' ἐκ τῶν
γιγνομένων τὴν δύναμιν αὐτῶν καταμανθάνοντα τιμᾶν τὸ δαιμόνιον.

14

Observa también que el Sol, lo más visible para todos, no permite que lo veamos directamente; quien lo mira con osadía pierde la vista. Y encontrarás a los sirvientes de los dioses invisibles: el rayo es evidente que se lanza desde lo alto y golpea lo que encuentra, pero no se ve ni al llegar, ni al caer, ni al retirarse. Los vientos no se ven, pero sus efectos sí son perceptibles. La mente humana, que comparte lo divino, gobierna en nosotros, pero no se ve. Debemos reflexionar sobre esto para no despreciar lo invisible, sino aprender de sus obras y honrar lo divino.

15

Ἐγὼ μέν, ὦ Σώκρατες, ἔφη ὁ Εὐθύδημος, ὅτι μὲν
οὐδὲ μικρὸν ἀμελήσω τοῦ δαιμονίου, σαφῶς οἶδα·
ἐκεῖνο δὲ ἀθυμῶ, ὅτι μοι δοκεῖ τὰς τῶν θεῶν εὐε-
ργεσίας οὐδ' ἂν εἷς ποτε ἀνθρώπων ἀξίαις χάρισιν
ἀμείβεσθαι.

15

–Yo, Sócrates –dijo Eutidemo–, sé que no descuidaré lo divino ni un ápice. Pero me preocupa que las bendiciones de los dioses parecen imposibles de corresponder con igual gratitud.

16

Ἀλλὰ μὴ τοῦτο ἀθύμει, ἔφη, ὦ Εὐθύδημε· ὁρᾷς γὰρ ὅτι ὁ ἐν Δελφοῖς θεός, ὅταν τις αὐτὸν ἐπερωτᾷ πῶς ἂν τοῖς θεοῖς χαρίζοιτο, ἀποκρίνεται· νόμῳ πόλεως· νόμος δὲ δήπου πανταχοῦ ἐστι κατὰ δύναμιν ἱεροῖς θεοὺς ἀρέσκεσθαι. πῶς οὖν ἄν τις κάλλιον καὶ εὐσεβέστερον τιμῴη θεοὺς ἤ, ὡς αὐτοὶ κελεύουσιν, οὕτω ποιῶν;

16

–No te desanimes por eso –dijo Sócrates–. Observa que el dios de Delfos, cuando alguien pregunta cómo agradar a los dioses, responde: "con las leyes de la ciudad". Y la ley ordena honrar a los dioses con los ritos sagrados, tanto como sea posible. ¿Cómo podría alguien honrar mejor y con más piedad a los dioses que haciendo lo que ellos mandan?

ἀλλὰ χρὴ τῆς μὲν δυνάμεως μηδὲν ὑφίεσθαι· ὅταν γάρ τις τοῦτο ποιῇ, φανερὸς δήπου ἐστὶ τότε οὐ τιμῶν θεούς. χρὴ οὖν μηδὲν ἐλλείποντα κατὰ δύναμιν τιμᾶν τοὺς θεοὺς θαρρεῖν τε καὶ ἐλπίζειν τὰ μέγιστα ἀγαθά. οὐ γὰρ παρ' ἄλλων γ' ἄν τις μείζω ἐλπίζων σωφρονοίη ἢ παρὰ τῶν τὰ μέγιστα ὠφελεῖν δυναμένων, οὐδ' ἂν ἄλλως μᾶλλον ἢ εἰ τούτοις ἀρέσκοι· ἀρέσκοι δὲ πῶς ἂν μᾶλλον ἢ εἰ ὡς μάλιστα πείθοιτο αὐτοῖς;

17

Por lo tanto, nadie debe disminuir su esfuerzo. Porque, cuando hace eso, es evidente que no honra a los dioses. Por lo tanto, debe honrar a los dioses lo más completamente posible, tener valor y aguardar los mayores bienes. Porque, ¿quién se comportaría más sabiamente que el que espera algo más grande de aquellos que tienen el poder de beneficiarle? Y, ¿cómo podría uno agradarles mejor que obedeciéndoles en la mayor medida posible?

18

τοιαῦτα μὲν δὴ λέγων τε καὶ αὐτὸς ποιῶν εὐσεβεσ-
τέρους τε καὶ σωφρονεστέρους τοὺς συνόντας πα-
ρεσκεύαζεν.

18

Así, diciendo esto y actuando él mismo de esta manera, hacía que quienes estaban con él se volvieran más piadosos y prudentes.